Elmar Gruber
Philomena Schmidt

Maria –
ein Zeichen
Gottes für den
Menschen

IMPULSE FÜR EINE ZEITGEMÄSSE
MARIENFRÖMMIGKEIT
DARGESTELLT AN DEN
HERKÖMMLICHEN MARIENFESTEN
UND AM ROSENKRANZGEBET

DON BOSCO

Bibliografische Information Der Deutschen Bibliothek

Die Deutsche Bibliothek verzeichnet diese Publikation in der Deutschen Nationalbibliografie; detaillierte bibliografische Daten sind im Internet über http://dnb.ddb.de abrufbar.

1. Auflage 2005 / ISBN 3-7698-1542-4
© 2005 Don Bosco Verlag, München
Umschlag und Layout: Martin Veicht, Regensburg
Illustrationen von Philomena Schmidt SMI
Satz: undercover, Augsburg
Produktion: Don Bosco Grafischer Betrieb, Ensdorf

Gedruckt auf umweltfreundlichem Papier.

INHALT

Vorwort

Durch die Erkenntnisse aus den feminis-
tischen Strömungen in unserer Zeit ist die
Frage nach dem Verhältnis von Mann und
Frau besonders in religiöser Hinsicht sehr
aktuell. Die Kontrastharmonie (Gegensatzeinheit) der beiden Geschlechter ist für das
Gottes- und Menschenbild von grundlegender
Bedeutung. Es geht nicht um die Verschie-
denheit von Männern und Frauen, die in
Gott nicht besteht, sondern um die Ganzheit
des Menschen, in der das Männliche und das
Weibliche in Harmonie vereint sind. Es geht
ferner um den Ursprung dieser Einheit, um
Gott, von dem sie stammt. Im Ursprung die-
ser Einheit ist auch die Fraulichkeit Gottes
enthalten. Die »Unbefleckte Empfängnis«
und die »Himmelskönigin« sind besondere
Hinweise auf das Frauliche im Dreifaltigen
Gott. *Carl Gustav Jung* versucht mit dem
Wort »Quaternität« (= »Vierfaltigkeit«) das
Frauliche in Gott einzubinden. »Quaternität«
ist kein dogmatisch approbierter Begriff,

sondern der Versuch einer Versprachlichung des mystisch Geschauten.

Im praktischen Vollzug unseres Glaubens geht es schließlich darum, dass unsere weithin isolierte, nur auf den Menschen Maria hin ausgerichtete Frömmigkeit wieder als eine Kultform des einen Gottes gesehen und praktiziert wird.

Die Themen der folgenden Betrachtungen wollen die Inhalte der liturgischen Marienfeste (als »Stationen« im Marienleben) durch existenzielle Impulse fruchtbar machen, sowohl für das persönliche Leben als auch für die Gestaltung von marianischen Festen und Feiern. Die Rosenkranzbetrachtungen im letzten Kapitel wollen ein Beitrag sein zur Erschließung dieses traditionsreichen, bewährten Gebetes.

Elmar Gruber
Am Tag der Verkündigung des Herrn,
25. März 2005

Maria – ein Zeichen Gottes oder: Der frauliche Gott, die göttliche Frau

MARIA SOPHIA

Die Weisheitsliteratur des Ersten Testaments stellt das Frauliche in Gott dar als die personifizierte Weisheit Gottes, die Sophia. Der Mystiker sieht darin bereits die »marianische Idee« verwirklicht.

Das »Ewig-Weibliche« und damit das Frauliche in Gott, kommt zunächst schon dadurch zum Ausdruck, dass das hebräische Wort für »Geist« (ruach) weiblich ist. Ferner ist zu beachten, dass die »Weisheit« (sophia) selbst im Gegensatz zum »Wissen« fraulichen Charakter trägt. Freiheit, sofern der Mensch dazu fähig ist, entsteht durch Schauen – durch die Zusammenschau der erlebten Wirklichkeiten. »Wissen« kann ich mir selbst aneignen mit Hilfe der Vernunft.

Wissen ist »männlich«: Ich erzeuge mein Wissen durch vernünftiges Denken. – Weisheit ist »weiblich«: Ich empfange meine Weisheit durch Erleuchtung, der ich mich schauend öffne. Mein Wissen kann ich in meiner Weisheit integrieren, aber nicht meine Weisheit in meinem Wissen. Die Weisheit »weiß« mehr als das nur vernünftige Wissen.

Die Unterscheidung von Weisheit und Wissen kommt auch in der Sprache zum Ausdruck: Ich darf mystische Texte (Bilder, Zeichen und Symbole) nicht dogmatisch verstehen und andererseits muss ich dogmatische Formulierungen auf ihren mystischen Hintergrund durchleuchten.

Wissen bezieht sich immer auf Teilbereiche der Gesamtwirklichkeit; Weisheit hat die Gesamtheit des Wirklichen im Auge.

Der Bibelleser muss wissen, dass die Bibel überhaupt und so auch hier meistens in meditativ-reflexiver Sprache spricht und nicht in unserer heute üblichen rational definierenden Sprache. Bei der Sprache in Bildern, Vergleichen (Analogien) und Symbolen handelt es sich nicht um andere Wahrheiten, sondern um eine andere Sprache, die den Glaubenswahrheiten viel mehr entspricht als unsere rationalen Definitionen. Viele vermeintliche Glaubensprobleme sind in Wirklichkeit nur Denk- und Sprachprobleme.

Die Thematik der Weisheit als die göttliche Fraulichkeit ist sehr deutlich angesprochen z. B. im Buch der Sprichwörter 8,22–31 und im Buch Jesus Sirach 24,9–12.

Sprichwörter 8,22–31 lautet:

Der Herr hat mich geschaffen
im Anfang seiner Wege,
vor seinen Werken in der Urzeit;
in frühester Zeit wurde ich gebildet,
am Anfang, beim Ursprung der Erde.
Als die Urmeere noch nicht waren,
wurde ich geboren,
als es die Quellen noch nicht gab,
die wasserreichen.
Ehe die Berge eingesenkt wurden,
vor den Hügeln wurde ich geboren.
Noch hatte er die Erde nicht gemacht
und die Fluren und alle Schollen des Festlands.
Als er den Himmel baute, war ich dabei,
als er den Erdkreis abmaß über den Wassern,

als er droben die Wolken befestigte
und Quellen strömen ließ aus dem Urmeer,
als er dem Meer seine Satzung gab
und die Wasser nicht seinen Befehl
übertreten durften,
als er die Fundamente der Erde abmaß,
da war ich als geliebtes Kind bei ihm.
Ich war seine Freude Tag für Tag
und spielte vor ihm allezeit.
Ich spielte auf seinem Erdenrund,
und meine Freude war es,
bei den Menschen zu sein.

Bei Jesus Sirach 24,9–12 heißt es:

Vor der Zeit, am Anfang,
hat er mich erschaffen,
und bis in Ewigkeit vergehe ich nicht.
Ich tat vor ihm Dienst im heiligen Zelt
und wurde dann auf dem Zion eingesetzt.
In der Stadt, die er ebenso liebt wie mich,
fand ich Ruhe,
Jerusalem wurde mein Machtbereich.
Ich fasste Wurzel bei einem ruhmreichen Volk,
im Eigentum des Herrn, in seinem Erbbesitz.

DIE MENSCHLICHE UND GÖTTLICHE NATUR

Gott schuf also den Menschen als sein Abbild;
als Abbild Gottes schuf er ihn.
Als Mann und Frau schuf er sie (ihn).
(Genesis 1,27, 1. Lesung der Osternacht)

Bevor wir tiefer über Gott und die Welt nachdenken, lohnt es sich, den Fragen nachzuspüren, die sich mit der Natur und dem Wesen von Gott und Mensch befassen.

Gott und Mensch verhalten sich zueinander wie Urbild und Abbild. Die Naturen von Gott und Mensch haben also etwas Gemeinsames, sodass wir von der Natur des Menschen – soweit wir sie kennen – auf die Natur Gottes schließen können. Die Natur des (einen!) Menschen besteht nach unserer Erfahrung und in biblischer Bestätigung im (gleichzeitigen) Mann-und-Frau-Sein, d. h. im gleichzeitigen Männlich- und Fraulich-Sein. Anders ausgedrückt – um anatomische Missverständnisse zu vermeiden: Die Natur des Menschen ist gekennzeichnet durch die

Kontrasteinheit von männlich und fraulich.
Was ist »männlich«, was ist »fraulich«? Alle
Wirklichkeiten sind letztlich »Kontrastein-
heiten« von plus und minus, hart und weich,
aktiv und passiv, stark und schwach, geben
und nehmen ...
Die konkreten Männer und Frauen verkör-
pern einen gewissen »Überhang« an männlich
oder weiblich, wobei die Kontrasteinheit als
menschliche »Grundnatur« erhalten bleibt.
Wir beobachten ja auch, dass es »weiche«
Männer und »harte« Frauen gibt, die als
solche genauso wie alle anderen Menschen
»menschlich« oder »unmenschlich« sein können. Die natürliche Aufgabe der Menschen
ist die Verwirklichung der Kontrastharmonie
von männlich und weiblich in der menschlichen Gemeinschaft und Gesellschaft,
besonders in der Ehe.
In unserer Zeit beobachten wir immer noch
eine Unterbewertung der Frau und des Fraulichen. Die Angst ausgelacht zu werden und
als schwach zu gelten hindert viele Menschen daran, die überragende Bedeutung des
Weiblichen wahrzunehmen und anzuerken-
nen. Das Weibliche wird oft als »weibisch«,

»weichlich«, »lieblich«, »schwächlich« abgetan und dem Männlichen untergeordnet. Wenn wir aber die Barmherzigkeit als den zentralen Inhalt des Weiblichen erkennen, rückt das Weibliche überragend in den Vordergrund unserer Existenz. »Selig die Barmherzigen, denn sie werden (die) Barmherzigkeit erlangen.« *(Matthäus 5,7)*

Die Missachtung bzw. Geringschätzung des Weiblichen findet in der Unbarmherzigkeit ihre Auswirkung. Die Unbarmherzigkeit (»Unfraulichkeit«) ist die »Sünde gegen den Heiligen Geist« *(Markus 3,29)*, die auch Gott nicht vergeben kann, weil er sich sonst selbst »aufheben« würde. Barmherzig muss jeder selbst werden, freilich mit Gottes Hilfe. Ich bin barmherzig, wenn der barmherzige Gott (die göttliche Fraulichkeit) in mir und durch mich wirkt. Wenn Paulus sagt: »Ziehet an mitleidiges Erbarmen« *(Brief an die Kolosser 3,12)*, meint er die Kraft des tätigen Mitleids, das selbstlos eingreift, wenn »Not am Mann« ist. (Wenn »Not am Mann« ist, fehlt meistens die Frau!)

Wenn wir nun den Menschen mit seiner
Natur als Abbild Gottes sehen und als sein
Geschöpf betrachten, können wir Gott als
den Ursprung dieser Kontrasteinheit verstehen. Diese Kontrasteinheit ist somit ein
Wesensmerkmal der göttlichen Natur und es
ist eigentlich selbstverständlich, sich Gott
männlich *und* fraulich, als Vater *und* als Mutter, als Mann *und* als Frau vorzustellen und
zu verehren. Mystisch betrachtet kann man in
Maria das Symbol der göttlichen Fraulichkeit,
des »Ewig-Weiblichen« *(Goethe)* erblicken,
durch das der Mensch den Zugang zur göttlichen Herrlichkeit findet. Das Wort vom »vor
Ewigkeit gezeugten« (nicht geklonten!), ein-
geborenen »Sohn Gottes« können wir auch
als Hinweis auf die androgyne (= mann-frau-
liche) Natur Gottes verstehen. Die Einheit
der göttlichen und menschlichen Natur in
der Person Jesu lässt sich ebenfalls in Verbindung bringen mit der Mann-Fraulichkeit, die
sowohl die menschliche wie auch göttliche
Natur kennzeichnet.
Der biblische Hinweis auf den Menschen als
Abbildung Gottes betont das Gemeinsame,
die Mann-Frau-Einheit der göttlichen und

menschlichen Natur. In dieser wesensmä-
ßigen Sichtweise steht die Gegensatzeinheit
im Vordergrund der Betrachtung. Dabei darf
aber nicht übersehen werden, dass auf der
Beziehungsebene die Polarität von Mann und
Frau herangezogen wird, um das innigste
Verhältnis, das es gibt, das Einssein in der
Liebe, zum Ausdruck zu bringen: Gott ist der
»Bräutigam«, die Menschen (auch die Männer)
sind die »Braut«. Im Bild der polaren Einheit
von Mann und Frau können wir die grenzenlose Liebe Gottes zu den Menschen und zur
ganzen Schöpfung erahnen.

Maria ist wiederum Symbol für die Fraulichkeit, jetzt für die Fraulichkeit des Menschen:
Als »Geliebte« Gottes vertritt sie jeden einzelnen Menschen als »ewig Geliebten«; sie
vertritt alle Glaubenden, das Volk Gottes,
die Kirche, schließlich die gesamte Menschheit und die ganze Schöpfung. Der Reichtum
unserer Marienfrömmigkeit erklärt sich wohl
aus der doppelten Symbolhaftigkeit: Maria
ist Symbol für das Göttlich-Frauliche und
zugleich für das Menschlich-Frauliche. In
Maria begegnen wir Gott und zugleich uns
selbst.

Hochfest Mariä Erwählung

(Hochfest der ohne Erbsünde empfangenen Jungfrau und Gottesmutter Maria)

»Sei gegrüßt, du Begnadete« (Lukas 1,28)

BEGNADET SEIN

Sünde, Erbsünde – was ist das?
Sünde, »Sonderung« = Trennung,
getrennt sein
von Gott, von der Liebe,
noch nicht erfüllt sein von der »Fülle« Gottes.
Der Mensch steht zwar objektiv immer in der
Gnade (Liebe) Gottes,
aber er ist noch nicht von ihr durchdrungen.
So wie ein Mensch auf die Welt kommt,
ist er noch nicht der Mensch,
der er sein sollte.

Er ist noch bestimmt vom
gnadenlosen Egoismus,
auch wenn er mit altruistischen Gefühlen
und Neigungen begabt ist.

Der Mensch ist von Anfang an
mit der Fähigkeit zur Liebe ausgestattet,
aber diese Fähigkeit muss
durch die Erfahrung der Liebe
erst noch verwirklicht werden.
Das ist die Neugeburt, von der Jesus
bei Nikodemus spricht.

Von Natur aus kann der Mensch hassen;
das Lieben bis zur Feindesliebe
muss er erst lernen.
(Wer Frieden will,
muss Feinde lieben können!)

Mit »reiner«, »makelloser«,
»unbefleckter« Liebe
ist die egoismusfreie Liebe gemeint,
die es in Reinkultur konkret in unserer Welt
wohl gar nicht gibt,
die aber bestimmend ist
für unsere Sehnsucht nach Vollendung.

Gott ist die vollkommene reine Liebe,
Barmherzigkeit, Gnade und Vergebung
in Person.
In ihm ist die Idee
von der vollkommenen Fraulichkeit
verwirklicht.
Mit dieser vollkommenen Gnade
begegnet Gott
dem gnadenlosen Menschen
und macht ihn gnädig.
Der (die) Begnadete wird befreit
von der angeborenen Ungnade,
indem ihm Gott
durch seine Boten
und durch vielerlei Begegnungen mitteilt,
dass er ja schon immer in der Gnade,
das heißt in der Liebe Gottes steht,
von der er nur noch durchdrungen
werden muss.

Maria ist der Mensch »voll der Gnade«,
die »unbefleckte« Frau,
die »reine« Frau,
die Frau »ohne Schatten«.
Die Fraulichkeit Gottes,
die uns in Maria begegnet,

ist der Weg und die Weise,
wie der Mensch von seiner angeborenen,
ererbten Gnadenlosigkeit erlöst wird.
Maria ist ja nicht nur *ein* Mensch,
sondern Symbol für *den* Menschen,
und damit für die ganze Menschheit
und die ganze Schöpfung,
die auf die Erlösung
durch die Liebe (Gnade) wartet.

Maria ist schon vor ihrem
biologischen Dasein
frei von der Erbsünde.
Sie »erbt« die Sünde gar nicht mehr;
sie eilt der Erlösung voraus
und zeigt dadurch das Ziel
unserer Menschwerdung.
Maria garantiert unsere Hoffnung,
dass letztlich alles gut wird.

An Maria wird schließlich sichtbar,
wie Gott auf die Welt kam
und immer noch auf die Welt kommt:
Durch den begnadeten Menschen
kommt Gott auf verschiedene Weise,
aber immer ganz menschlich auf die Welt.

Junge Frau – Braut – Mutter:
von Gott geliebt sein,
Gott empfangen,
Gott zur Welt bringen.

Mariä Geburt

Die Jungfrau wird ein Kind empfangen ...
man wird ihm den Namen Immanuel geben,
das heißt übersetzt: Gott ist mit uns.
(Matthäus 1,23)

Die Frau kommt auf die Welt

Das Erlösungsgeschehen in unserer Welt
ist das Offenbarwerden der absoluten Liebe,
aus dem das Bewusstsein
des absoluten Geliebtseins entspringt.
Dieses Geschehen beginnt
mit der Geburt der ganz »reinen« Frau.
Das Frauliche in »Reinkultur«
kommt von Gott
und wird in der Mariengestalt
menschlich verwirklicht
in der bedingungslosen Offenheit
für die bedingungslose Liebe.
Der Mensch ist so gebaut,
dass er Gott als Lebensprinzip empfangen
und von ihm begeistert werden kann.

Dort, wo sich ein Mensch
Gott bedingungslos öffnet,
wird »Maria« geboren.
Dort, wo sich ein Mensch Gott öffnet
und es geschehen lässt,
dass Gott in ihm wirkt,
nimmt Gott Wohnung in ihm.
Der Mensch empfängt Gott
und bringt Gott ganz menschlich zur Welt.
Und dieser Gott-Mensch wird sein
der Gott-mit-uns in einer Person.
Gott schafft sich dieses
menschliche Gegenüber aus Liebe,
um seine Liebe menschlich erfahrbar
zu machen,
und um sich selbst als Ursprung und Wesen
der menschlichen Liebe zu offenbaren.

Das Fest Mariä Geburt ist entstanden
und entsteht immer wieder aus der Freude
über den allbarmherzigen Gott,
der über die Fraulichkeit (Junge Frau,
Braut und Mutter)
den Weg zu den Menschen und
den Weg von den Menschen zu sich
erschlossen hat.

Mariä Namen

Der Name der Jungfrau war Maria.
(Lukas 1,27)

EINEN NAMEN HABEN,
WER SEIN!

Mein Name ist die Stelle, wo ich bin;
wo ich an-wesend bin;
wo ich an-zutreffen bin;
wo ich an-sprechbar, an-rufbar bin.
Wenn du mich anrufst, bin ich da.

In meinem Namen
ist mein ganzes Ich enthalten:
Wer ich bin, was ich bin,
was ich aus mir gemacht habe.

Mit meinem Namen kann ich
mich vor-stellen;
mit meinem Namen kann ich unterschreiben
und mich verbürgen;
mit meinem Namen werde ich bekannt.
Mein Name ist »mein Wort«.

Ich schenke mich dir,
ich gebe mich in deine Hand,
ich vertraue mich dir an,
wenn ich dir meinen Namen sage.
Ich habe dich, ich kenne dich,
wenn ich deinen Namen habe.
In deinem Namen bin ich dir
– bist du mir – ganz nah.

Der Name der Jungfrau ist Maria,
das heißt: »Geliebte Gottes«, Braut Gottes.
Du bist die Stelle, an der Gott ganz offen
und gnädig ist;
dir kann Gott nicht widerstehen,
weil du seine Geliebte bist;
du bist »voll seiner Gnade«.

Gott liebt aber nicht nur einen Menschen,
er liebt *den* Menschen –
die Menschen, alle Menschen.
Jeder Mensch, alle Menschen sind »Maria«.
Alle Menschen –
nicht nur die Frauen im Kloster –
haben den Vor-namen »Maria«.
Wenn ich Maria anrufe,
rufe ich Maria in mir wach:

Das absolute Geliebtsein wird mir bewusst.
»Maria«, der »marianische Gott«
gibt mir Zuversicht, Kraft und Freude;
der marianische Gott erfüllt
mich mit seiner Gnade
und macht mich gnädig und barmherzig.
Ich muss nicht mehr hassen,
ich muss mich nicht mehr ärgern,
wenn ich Maria anrufe.

Der Name Maria erinnert mich an das Große,
das Gott an ihr getan hat,
an das Große, das Gott immer tut
und immer tun wird – auch an mir.
Gott hat Maria erwählt
und ihr den Namen gegeben.
Er hat sich aus ihr seinen Namen gemacht:
»Jesus« = Gott rettet.
Vom Namen Gottes (»Jesus«)
ist »Maria« nicht mehr zu trennen.

Verkündigung des Herrn
(Mariä Verkündigung)

Du wirst ein Kind empfangen.
(Lukas 1,31)

WER GLAUBT, WIRD SELIG

»Selig bist du, weil du geglaubt hast.«
Wenn Gott kommt
und wir bereit sind ihm zu öffnen
und ihn zu empfangen,
verlangt das einen gewaltigen Glauben,
weil Gott meistens ganz anders
und anderswo kommt,
als wir es nach unseren Vorstellungen
und nach unserem Ermessen
erwarten und vermuten.

Gott ist immer »ganz anders.«
Dieses Anderssein Gottes
ist immer eine Zu-Mutung
für uns Menschen.

Es braucht viel Mut,
bei allem was in der Welt
und bei den Menschen geschieht,
immer noch zu glauben,
dass Gott diese Welt in seinen Händen hält
und dass am Ende alles gut wird
und dass alles einen Sinn hat,
auch wenn ich dies jetzt nicht begreife.

Wer Gott *begreifen* will,
primär mit der Vernunft,
kann ihn nicht kennen lernen
mit dem Herzen.

Die Kraft zu diesem Glauben
kommt aus der Begeisterung
für die absolute Liebe.

Ein Mensch, der sich grenzenlos
und bedingungslos geliebt weiß,
bekommt wohl wenige Antworten
auf seine Gottesprobleme,
aber er kann mit ihnen leben.
Er kann auch im Leid glücklich sein;
in Freude und Leid lernt er Gott kennen,
mit dem er alle »Mauern« überspringt.

Die größte Zumutung für den Menschen
ist das Kommen Gottes, weil es
– bevor sich die Erfahrung des absoluten
Geliebtseins durchsetzt –
den Verzicht auf viele lieb gewordene
Gedanken, Wünsche und Pläne verlangt,
bis hin zum Verzicht auf Vergeltung.

Dass Gott von sich aus keine Feinde hat,
weil er seine Feinde liebt,
und dass Gott die Menschen nicht
mit Lohn und Strafe zwingt,
weil er letztendlich in seinem »Gnadengericht«
alle begeistert und durch Begeisterung
– nicht durch Angst und Drohung –
alle bekehrt,
das ist eine Überforderung
für sehr viele Menschen,
die sich von der angeborenen,
»pharisäischen« Gerechtigkeit
noch nicht lösen können.

Die Empfängnis Gottes brachte Maria
nur Unannehmlichkeiten,
von der unehelichen Empfängnis
(bestrafbar mit Steinigung!)

bis hin zum Verbrechertod ihres Sohnes,
der laut Engelsbotschaft wirklich
der Sohn Gottes war – und geblieben ist.

Wir brauchen uns nicht zu wundern,
wenn uns das Glauben schwer fällt.

Wenn mich der Glaube tragen soll,
muss *ich selbst* glauben;
nur *mein* Glaube kann mir helfen!

Die Bestätigung meines Glaubens
kann ich nur in meiner ganz persönlichen
Gottesbeziehung finden.
Ich kann nur das glauben,
was *ich* glauben kann.

Glaubenshilfe bekommen wir nicht
durch »unfehlbare Lehren«,
sondern durch Menschen wie Maria
und durch Jesus,
den sie zur Welt gebracht hat.

Gott sucht durch Maria und Jesus
die nächste Nähe zum Menschen:

Er will als Mensch bei uns
und als Gott in uns wohnen.
Schließlich ist es ja Gott selbst,
der uns als Mensch und durch Menschen
begeistert und zum Glauben ermutigt.

Mariä Heimsuchung

Wer bin ich, dass die Mutter meines Herrn
zu mir kommt?
(Lukas 1,43)

BEGEGNUNG

Wer ich bin,
was ich bin,
dass ich bin,
erfahre ich im Gegenübersein.

Der Gruß enthält die Erkennung
und Anerkennung,
ohne die ich nicht leben kann.
Im Erkennen und Erkanntsein,
Anerkennen und Anerkanntsein
erfahre ich die Werte,
die mir die Selbstbejahung
und das Selbstbewusstsein ermöglichen.
Die Begegnungen mit allen Geschöpfen
sind auch die Stellen,
an denen Gott vor-kommt
in der Entstehung der Daseinsfreude.

Ich erlebe mich, mein Dasein
als Geschenk,
das nicht von Menschen gemacht wird.
Ich erkenne Gott
als die »Ursache« meiner Existenz
und als den Ur-sprung meines Glücks.
Wenn er kommt,
in welcher Gestalt
und in welchen Symbolen auch immer,
entsteht und entspringt Freude in mir.

Und umgekehrt weiß ich:
Wenn die Freude in mir entspringt
– dies kann auch im Leid geschehen –,
ist es Gott, der mir ganz nahe ist
und der mich begeistert.

Äußere Nähe kann man herstellen,
aber nicht die Begeisterung.
Ohne Begeisterung
wird alle Nähe zum Verhängnis.

Wer bin ich, dass du zu mir kommst!
Schon der Klang deiner Stimme
weckte die Freude.
Der Herr ist mit dir – ist in dir.

Wer bin ich? –
Ein ewig und unverlierbar geliebtes Wesen.
Jeden Tag erfahre ich aufs Neue
das Wirken deiner Güte.

Begegnung ist immer gegenseitig.
In der Begegnung mit Elisabet
erfährt Maria die Bestätigung,
dass sie Mutter Gottes ist.
Sie hat jetzt *er*kannt,
dass Gott in ihr wirkt.
Und sie macht nun allen Menschen *be*kannt,
dass Gott immer Großes tut,
dass es den Gott gibt,
nach dem sich die ganze Schöpfung sehnt.

Maria kommt nicht nur zu Elisabet;
sie kommt zu allen Menschen.
Die Freude jedoch
wird erst dann entspringen,
wenn wir sie begrüßen wie der Engel
und uns begrüßen lassen wie Elisabet.
(Im Mantragebet des Rosenkranzes
verwirklichen wir diesen »Doppelgruß«.)

Hochfest der Gottes- mutter Maria

Alle staunten über die Worte der Hirten.
Maria aber ... dachte darüber nach.
(Lukas 2,18–19)

Eine Mutter haben – Mutter sein

Eine Frau wird Mutter durch ihr Kind.
Seinsmäßig »macht« nicht
die Mutter das Kind,
sondern das Kind die Mutter.
Der Menschensohn Jesus,
das Menschwerden Gottes,
macht Maria zur Mutter – zur Mutter Gottes.
Wir müssen wie Maria
sehen, schauen und nachdenken,
damit uns die Bedeutung
der göttlichen Mutterschaft
immer mehr aufgeht.
In Jesus erleben wir Gott ganz menschlich
als die absolute Liebe.

Stammbaum Jesu Christi, des Sohnes Davids, des Sohnes Abrahams. Mt 1,1-25

Wir erleben Gott
als Gott und Mensch zugleich.
Gott muss dabei die menschliche Natur
irgendwann und irgendwie annehmen;
Gott braucht eine Menschenmutter
für seinen Menschensohn.
Diese Menschenmutter muss aber
ganz offen sein für Gott,
sonst ist das nicht möglich.
Die »reine« Jungfrau ist das Symbol
für einen Menschen,
der ganz offen ist für Gott,
und der bereit ist,
diesem Gott bedingungslos zu dienen.
Knecht und Magd sind
die biblischen Bezeichnungen
für solche Menschen.
»Jungfräulichkeit« ist somit kein biologischer,
sondern ein existenzieller Begriff:
Ein Mensch, der sich Gott öffnet,
ist »jungfräulich«,
ob Frau oder Mann,
ob mit oder ohne Kind.
Maria ist auch nach der Geburt Jesu
»Jungfrau«,
ganz für Gott offen geblieben;

das beweisen die Zumutungen Gottes,
die sie bestanden hat.
Der jungfräuliche (= für Gott ganz offene)
Mensch
ist die Stelle in der Welt,
wo Gott zur Welt kommt
und wo der Mensch Gott zur Welt bringt,
wo der Mensch »Mutter Gottes« wird.
Gott schenkt sich den Menschen
durch Menschen.
(Der Mensch als »Ausschank« Gottes!)
Darum gehen wir zu den Menschen,
weil sich Gott dort verschenkt
– aus »Gnade«, »umsonst« –
an uns und durch uns.
Maria ist das Wahr-zeichen
dieses Geschehens.
Es ist ein ewiger Kreislauf:
Gott macht den Menschen mütterlich,
und die Mütterlichkeit
macht Gott menschlich.
Göttliche Fraulichkeit
und frauliche Göttlichkeit
sind voneinander nicht zu trennen.
Wir haben eine Mutter, eine göttliche Mutter,
eine Gottesmutter – Maria.

Indem sich all unser Muttersein
an Maria orientiert,
werden wir in unserem Muttersein
Marienkinder.
Die Biologie und die biologische Bedeutung
der Mutterschaft Mariä ist sehr wichtig,
aber letztlich nicht entscheidend.
Jesus selbst stellt sie in den Hintergrund
zugunsten der spirituellen, geistlichen
Bedeutung der Mutterschaft
(und aller irdischen Beziehungen).

Maria, die noch keinen »Mann« hat,
erfährt durch den Engel,
dass sie Mutter Gottes wird.
Das Sohn-Gottes-Empfangen-und-Gebären
ist kein biologisches Geschehen, auch,
wenn es mit biologischen, irdischen
Vorgängen verbunden ist
– genauso wie die Auferstehung.
»Der Heilige Geist wird über dich kommen
…« *(Lukas 1,35)*
Der zwölfjährige Jesus
weist die irdischen Muttergefühle zurück:
»Warum habt ihr mich gesucht? Wusstet ihr
nicht …« *(Lukas 2,49)*

Als die Mutter und die Brüder
Jesus herausrufen lassen, sagt Jesus:
»Wer ist meine Mutter,
und wer sind meine Brüder? –
Wer den Willen Gottes erfüllt ...«
(= Wer die Liebe verbreitet!, *Markus 3,33.35*).
Ferner sagt Jesus:
»Wer Vater oder Mutter mehr liebt als mich,
ist meiner nicht würdig.« *(Matthäus 10,37)*
Bei der Hochzeit zu Kana erteilt Jesus
seiner Mutter eine Abfuhr:
«Was willst du von mir, Frau? Meine Stunde
ist noch nicht da!« *(Johannes 2,4)*
Am Kreuz trennt sich Jesus von seiner Mutter
und vertraut sie Johannes an
(Johannes 19,26f).

Aus all dem ergibt sich:
Die Marienverehrung bleibt sinnlos,
wenn wir in Maria
und überhaupt in unserem Menschsein
nicht das göttlich Menschliche
und den menschlichen Gott (= die Jesusnatur)
entdecken.

Mariä Lichtmess
(Darstellung des Herrn)

Sie brachten das Kind nach Jerusalem hinauf,
um es dem Herrn zu weihen.
(Lukas 2,22)

OPFERN

»Opfern« heißt »entgegenbringen«.
Wenn Menschen opfern,
wollen sie meistens etwas dafür haben:
Ich gebe dir etwas, das du brauchst,
und du gibst mir etwas, was ich brauche.
Durch Opfern werden Ansprüche erhoben
oder auch eingelöst.

Durch blutige Opfer
sollen die zornigen Götter besänftigt werden
und uns Wohlstand verleihen.
Unser Gott braucht aber keine
Opfer der Versöhnung;
er ist ja selbst Gnade
und Versöhnung in Person.

Unser Gott »weiß ja, was wir brauchen«,
besser als wir selbst.
Was soll ich Gott opfern,
wenn doch alles, was ich bin
und was ich habe,
von ihm kommt
und ihm sowieso schon gehört.
Gott braucht meine Opfer nicht!
Was hat *er* davon,
wenn ich ihm meine Leiden
und alles mögliche »aufopfere«!
»Barmherzigkeit will ich, nicht Opfer!«
sagt Gott.

Nicht Gott, *ich* brauche Opfer und
das Opfern, damit ich durch die Liebe Gottes
barmherzig werde.
Beim Opfern lege ich das Meinige
in seine Hand,
um es aus seiner Hand wieder
und immer wieder neu zu empfangen.
Im Opfern bekenne ich meine Armut vor Gott,
dem alles gehört;
ich verzichte auf alle Ansprüche,
ja sogar auf mich selbst,
und werde anspruchslos und selbstlos.

Wenn ich mich selbst Gott anvertraue,
erlebe ich mich immer wieder
als sein Geschenk.

Maria geht in den Tempel,
um ihr Kind Gott zu weihen.
»Weihen« heißt ähnlich wie »opfern«
etwas übergeben.
Maria vollzieht im Ritual,
was sie weiß:
Ihr Kind, das sie von Gott empfangen hat,
gehört Gott;
es ist ihr nur zur irdischen Pflege anvertraut.

Viel Leid bliebe uns
in unseren Beziehungen erspart,
wenn wir die Menschen,
die uns nahe stehen,
nicht besitzen wollten;
sie gehören Gott.
Er schenkt sie uns als Leihgabe,
damit wir durch sie seine Liebe erfahren
und weiterschenken.

Unbeflecktes Herz Mariä

Maria aber bewahrte alles, was geschehen war, in ihrem Herzen.
(Lukas 2,19)

Herzlichkeit

Herz:
Mitte, Konzentrationspunkt,
Bewahrungsort für alles,
was die Wirklichkeit des Menschen
und des Menschlichen,
aber auch des Unmenschlichen ausmacht.
Aus dem Inneren
kommt das Gute
und das Böse eines Menschen.
»Man sieht nur mit dem Herzen gut …«
(A. Saint-Exupéry, Der kleine Prinz)
Das Herz sieht das,
was den physischen Augen verborgen ist.
Gott und das Eigentliche des Menschen
kann ich nur mit dem Herzen sehen.

Das ganze Wesen eines Menschen,
das was einer ist,
ist in seinem Herzen eingeschlossen.
Es wird offenbar und zugänglich,
wenn einer sein Herz öffnet.
Aber auch der andere, der Empfänger,
muss sein Herz öffnen;
denn, was von Herzen kommt,
kann nur ankommen,
wenn es zu Herzen geht.
Ich kann Gott nur (erst) erkennen,
wenn er mir zu Herzen geht.
Oft verschließt die Vernunft
die Türen der Herzen.
Das Herz Gottes ist das Herz Jesu.
Im geöffneten Herzen Jesu
wird die Innerlichkeit, das »Innere«
und die Herzlichkeit Gottes offenbar.
Blut und Wasser sind die Symbole dafür:
Blut bedeutet: aus Liebe hingegebenes Leben,
Wasser ist Symbol für das kosmische Leben.
Gott (Jesus) ist das »Herz aller Dinge«,
das Herz der Liebe,
das Herz allen Lebens,
das Herz aller Herzlichkeit.

Wer Gott mit dem Herzen sucht,
kann ihn überall finden.
Viele Lebensprobleme finden ihre Lösung
in der Herzlichkeit.
Das Herz Mariä
ist das Herz des fraulichen,
für Gott ganz offenen Menschen.
Das »unbefleckte« Herz,
das Herz, das frei ist von Egoismen,
von Machtgier
und Voreingenommenheit
kann die Wirklichkeit Gottes aufnehmen
und unverfälscht »be-wahren«.
Der Inhalt des Herzens Mariä
ist der Inhalt des Herzens Jesu,
der ihr zu Herzen gegangen ist,
damit er durch die »göttliche Fraulichkeit«
– Barmherzigkeit und Liebe erweckend –
zu Herzen gehend weiter verbreitet wird.
Durch das Herz Mariä
wird jeder liebende Mensch
ausgewiesen als Stelle,
an der das Herz Gottes schlägt.
An vielen Stellen strömt das Wasser
aus der einen Quelle.

Gedächtnis der Schmerzen Mariens

Dir selbst aber wird ein Schwert
durch die Seele dringen.
(Lukas 2,35)

SICH ALLES GEFALLEN LASSEN

Wie soll ich glauben,
dass es einen Gott gibt,
dass Gott die Liebe ist,
angesichts des Bösen in der Welt!

Wie soll Maria an ihren Sohn glauben,
den sie wie einen Verbrecher sterben sieht,
den sie tot im Schoß trägt,
in dem sie ihn als Erlöser
wunderbar empfangen hat.

Der Erlöser! Getötet vom Hass der Menschen,
die er erlösen wollte vom Hass.

Wie soll eine Mutter
an einen liebenden Gott glauben,
der ihr das Liebste nimmt.

Es gibt Menschen, die trotz all dem
noch glauben und lieben;
die bezeugen, dass sie Gott im Leid
am nächsten erfahren hätten.

Das ganze Marienleben ist
ein Zeugnis der Treue
zu diesem unbegreiflichen Gott,
für den sie sich immer offen gehalten hat.
Die Schmerzensmutter im Mutterschmerz
ist für den liebenden Menschen eine Stelle,
an der ihm aufgehen kann,
dass Lieben und Leiden
untrennbar zusammengehören,
dass sich die Liebe im Leid mehr offenbart
als in der Freude:
Die Liebe ist die »Freude in der Freude«,
sie ist aber auch die »Freude im Leid«.

Gott offenbart seine grenzenlose Liebe
im Leid:

im Leiden Jesu,
der sich den Menschen
bedingungslos liebend ausgesetzt hat.
Gott liebt die Menschen so stark,
dass er sich von ihnen
alles gefallen lassen kann.
Gott leidet,
weil er uns alle bedingungslos leiden kann.

Solche Wahrheiten sind für die Vernunft
unbegreiflich
und für unser Empfinden eine Zumutung.
Ich kann nur in Leid und Schmerz erfahren,
dass ich im Leid geliebt bin;
ich kann nur im Hass erfahren,
dass die Liebe stärker ist.
Alle derartigen Einsichten sind Geschenke
– sie sind nicht machbar.
Aber es gibt Menschen mit diesen Einsichten.
Das hilft mir,
dass ich mit offenen Fragen leben kann,
dass ich Leid und Schmerz
nicht von vornherein verteufeln muss.

Auch wenn es keine direkte Lösung
der Leidprobleme gibt,

kann ich durch Gebet, durch Feiern,
durch die Übung der Sinne
das absolute Geliebtsein stärken.
Es gibt unendlich viele
Liebeszeichen Gottes!

Wenn ich Leid und Schmerz
grundsätzlich nicht leiden kann,
kann ich wohl kaum Gott im Leid erleben.
Menschen, die in ihrem Leben
Leiden und Lieben vereinen,
die leiden »können«,
bestätigen den leidend liebenden Gott:
Auch wenn ich ihn nicht begreife,
lerne ich ihn durch sie kennen. –
Maria, die Schmerzensmutter
in ihrem Mutterschmerz
mit dem toten Jesus im Schoß
ist eine Quelle des Trostes für alle,
die in ihrem Leid und Schmerz
an der Liebe Gottes zweifeln.

Die Frage, warum Gott zuschaut
und nicht eingreift
(wie wir es wünschen),
wird nie verstummen.
Gott greift nicht (von außen) ein,
weil er alles im Griff hat.

Es gibt Augenblicke im Leben,
in denen dies spürbar wird.
Diese Augenblicke stützen unsere Hoffnung,
dass letztlich alles gut wird.

Mariä Aufnahme in den Himmel

Der Mächtige hat Großes an mir getan.
(Lukas 1,49)

IN DEN HIMMEL KOMMEN

»Eins hab ich mir vorgenommen,
in den Himmel muss ich kommen,
mag es kosten, was es will,
für den Himmel ist mir nichts zu viel.«
– Das haben wir als Kinder gelernt!

Uns Menschen treibt die Sehnsucht
nach einem vollkommenen Glück,
für das wir uns geschaffen fühlen,
das wir aber nicht haben
und auch nicht machen können,
ein Glück,
das wir höchstens in Augenblicken
erahnen können.

Diese Sehnsucht
kommt zum Ausdruck
in den Bildern
vom verlorenen Paradies
und in der Hoffnung
auf ein künftiges Paradies,
auf den Himmel,
auf das vollendete Reich Gottes,
in dem alle Sehnsucht gestillt ist.

Das In-den-Himmel-Kommen
ist ein doppelter Prozess:
Der Himmel kommt in mich
und erfüllt mich,
ich komme in den Himmel
und »bewohne« den Himmel.

Dieser Doppelprozess beginnt
schon jetzt auf Erden,
wenn ich begeistert bin von der Liebe,
die mich innerlich erfüllt
und äußerlich umgibt.
Die Taufe ist das Symbol dafür.

Gott ist die Liebe,
er selbst ist der Himmel:

Wenn er meine Mitte ist,
bin ich im Himmel
und der Himmel ist in mir.
Nicht Gott, sondern das Fehlen Gottes
vertreibt mich aus dem Paradies:
Ich vertreibe Gott in meiner Sünde,
aber Gott geht mit,
bis ich ihn wieder einlasse.

Die Tür des Himmels ist eine Doppeltür:
Die eine öffnet Gott,
die andere muss ich öffnen.
In Gott bin ich immer,
aber dass Gott *in mir* ist,
das hängt auch von mir ab.
Erst wenn Gott in mir ist,
kann ich erleben, dass ich in Gott
– im Himmel – bin.

Maria, der ganz für Gott offene Mensch,
der ganz von Gott erfüllte Mensch
hat den Himmel (Gott) in sich aufgenommen
und wurde dabei selbst in den Himmel
(in Gott) aufgenommen.

Maria ist wiederum Symbol
für alle Menschen,
für die ganze Schöpfung:
In dem Maß,
in dem ich Gott in mich aufnehme,
wird mir bewusst,
dass er mich in sich aufnimmt
und schon aufgenommen hat.
Meine Aufnahme in den Himmel
ist zugleich die Entgrenzung
aus der irdischen, begrenzten Daseinsweise.

Mein Ich in seiner Einheit
von Leib-Seele-Geist
löst sich von der vergänglichen Gestalt.
Mein Leib braucht den vergänglichen Körper
nicht mehr.

Mein Körper wird wieder Erde, »Materie«
des Lebens.
Mein Leib rückt ein
in die verklärte Daseinsweise meines Gottes,
der mich in sich aufgenommen hat.

Das Grab Mariä ist leer,
leer, wie das Grab Jesu,
leer, wie mein Grab sein wird,
wenn mich Gott
aufgenommen und vollendet hat.

Maria Königin

Das Volk, das im Dunkel lebt,
sieht ein helles Licht.
(Jesaja 9,1)

DIE »HERR-LICHKEIT«
EINER FRAU

Der Satz »durch Maria zu Jesus«
gilt auch in seiner Umkehrung:
»durch Jesus zu Maria«.
Gott offenbart sich in seiner Menschwerdung
und diese geschieht durch Maria.
Somit offenbart Gott gleichzeitig
die Bedeutung Marias
und des Menschen überhaupt
im Erlösungsgeschehen.

Maria, die große Frau, die Königin,
ist das »Heilszeichen« für die Menschheit.
Sie zeigt, *dass* es das Heil (die »Heilung«)
der Menschheit
und jedes Einzelnen gibt,
und sie zeigt, *wie* diese Heilung geschieht.

Einfach gesagt: Sie zeigt uns als
»Königin des Himmels«,
dass wir in den Himmel kommen
und wie wir in den Himmel kommen.
Maria zeigt uns die doppelte Öffnung:
Gott eröffnet sich den Menschen
und der Mensch öffnet sich Gott.
In Maria ist die Doppeltür aufgegangen.

Zeichen und Symbole zeigen mehr,
als wir mit unserer Vernunft
begreifen können,
darum betrachten wir,
was uns die Symbole zeigen:

»Maria mit dem Kinde lieb«
Gott gibt sich als Kind
in die Hand der Menschen,
der Schöpfer in die Hand der Geschöpfe:
wehrlos, hilflos, bedingungslos, rührend …
begegnet er allen Menschen;
er droht nicht, schimpft nicht,
er vertraut sich seinen Geschöpfen an,
er vertraut darauf,
dass wir ihn annehmen
und nicht fallen lassen.

Er verwandelt uns durch seine Liebe,
er macht uns zu Geschwistern
und zu Kindern Gottes.

Maria zeigt uns ihr Kind,
sie schenkt uns ihr Kind,
dessen »Kind« sie selbst ist.

Die Gekrönte
Krone: Das Über-sich-Hinaussein,
Außer-sich-Sein
auf Gott hin, zur »Spitze« hin.
Die trichterförmige,
nach oben hin offene Krone
zeigt das Offensein zum Empfangen.

Die Krone des kleinen Kindes
wird die große Krone des Menschen.
Das Kind selbst
ist die Krönung der Menschheit.

Die geschlossene Krone:
Das strahlende Haupt über dem Haupt,
das »Über-Haupt«.
Maria die Gekrönte zeigt uns,
was wir »überhaupt« sind:

Unser Lebensprinzip und unsere Identität
ist die absolute Liebe Gottes,
die im Jesuskind Gestalt angenommen hat.

Zepter
Zunächst Stütze, Halt.
Maria hat den Halt des Glaubens
und gibt uns den Halt des Glaubens.

Das Zepter ist ferner Zeichen der Macht
und Herr-schaft:
Die Macht in der Hand der Frau.
Das Göttlich-Frauliche,
Liebe und Erbarmen
wird sich am Ende durchsetzen.
Im Reich Gottes herrscht die Liebe.

**Maria zertritt der Schlange (bzw. dem
»alten Adam«) den Kopf**
Maria, die »neue Eva«,
die Frau, die *nicht* vom Baum in der Mitte
gegessen hat;
der Mensch, der sich nicht
selbst in die Mitte stellen wollte,
ein Mensch, der nicht nach irdischen,
materialistischen Prinzipien lebt.

Unter ihrem Herzen wächst der neue Baum,
Christus.
Wer davon isst, wird leben in Ewigkeit.

Maria auf der Mondsichel

Der Mond empfängt sein Licht von der Sonne.
Es ist das Sonnenlicht,
mit dem er die Nacht erleuchtet.

Maria ist der Mensch,
der durch göttliche Fraulichkeit
Licht ins Dunkel bringt.
Unsere Lebensprobleme bis hinein
in die Politik und Gesellschaft
schreien nach Fraulichkeit,
die den Menschen von heute weithin
abhanden gekommen ist.

Schutzmantelmadonna

Der Mantel schützt, wärmt,
gibt Geborgenheit,
verhüllt, enthüllt …
Wer Gott in sich einlässt,
findet Schutz vor den zerstörenden Mächten
der Finsternis,
die ihm letztlich nichts anhaben können.

Maria nimmt uns alle Angst vor Gott
und den Menschen.
Sie ist das Zeichen
einer unzerstörbaren Hoffnung.

Ihr Mantel ist sehr »weit und breit«.
Gott liebt alle Menschen.
Ich kann nur im Schutz Gottes stehen
unter dem »Schutzmantel Mariä«,
wenn ich das respektiere,
dass unter ihrem Mantel
Platz ist für alle.

Jesuskind mit Weltkugel
Das Jesuskind auf dem Arm der Madonna
wird meistens mit der Weltkugel dargestellt:
Der als Kind erschienene Gott,
der am Kreuz seine grenzenlose Liebe
gezeigt und bezeugt hat,
trägt und erträgt die ganze Welt.

Gott greift nicht ein,
weil er alles im Griff hat.
Anders gesehen:
Gott greift in jedem Augenblick ein:

Kein Haar fällt von meinem Haupt
ohne dass er es will.

»Gott greift nicht ein«
ist gleichbedeutend mit:
«Gott greift dauernd ein«,
nicht nur in bestimmten Fällen.

Unsere liebe Frau vom Rosenkranz

Sie alle verharrten dort einmütig im Gebet zusammen mit den Frauen und mit Maria, der Mutter Jesu und mit seinen Brüdern.
(Apostelgeschichte 1,14)

Viele Menschen sahen den Sieg über die Türken bei Lepanto (am 7.10.1572) als Erhörung des Rosenkranzgebetes. Diese Vorstellung kann leicht zu Missverständnissen führen und die eigentliche Bedeutung des Rosenkranzgebetes und der Rosenkranzkönigin verdecken. Der Rosenkranz als »Psalter der einfachen Leute« wirkt vor allem als meditatives Wiederholungsgebet (Mantra-Gebet). Durch die Wiederholungen wird das Heilsgeschehen in seiner Verbindung mit dem Marienleben – und damit mit dem Menschenleben überhaupt – gegenwärtig.

Sich Gott öffnen, Gott empfangen, Gott zur Welt, in die Welt bringen – das ist der menschliche Beitrag zur heilschaffenden Gottesbegegnung. Gott seinerseits erwählt, nimmt an, nimmt auf und vollendet (»krönt«) den Menschen im Himmel.

Indem ich nun mein Leben mit seinen Problemen und Nöten in Berührung bringe mit dem Marienleben, werden die Wirklichkeiten ihres Lebens in mein Leben übertragen: Der Engel des Herrn kommt zu mir; ich werde gegrüßt, ich werde ermutigt zum »Mir geschehe ...« Gott wird in mir geboren, das Ziel meines Lebens, »aufgenommen in den Himmel«, rückt befreiend und erlösend in die Mitte meines jetzigen Daseins.

Das Rosenkranzgebet ist ferner eine gute Möglichkeit, dem Auftrag »ihr sollt allzeit beten« nachzukommen. Den Rosenkranz kann ich überall beten. Das Rosenkranzgebet ist auch ein »Murmelgebet«, bei dem es auf die »Stimmfühlung« ankommt: Ich darf loslassen und ins Träumen und Fantasieren kommen – so finde ich »Ruhe für meine Seele«.

Der »betende Mensch« bringt mit Maria sich und Gott zur Sprache. Er »kommt zu Wort« und begegnet Gott, der im Wort zur Sprache kommt.

Wer nicht aufhört zu beten, wird immer erhört: entweder bekomme ich das, was ich haben möchte (was sehr selten der Fall ist!), oder ich kann das, was ich schon längst habe, gegen das ich mich aber immer noch und immer wieder sträube, als das Meinige aus der Hand Gottes annehmen.

Beten verändert immer: entweder mich oder meine Situation oder beides. Die Bedeutung des Rosenkranzgebetes kann mit der Vernunft letztlich nicht zufriedenstellend erklärt werden. Wer dennoch den Rosenkranz betet, zunächst vielleicht nur versuchsweise, der wird durch die Rosenkranzkönigin die Geborgenheit in der absoluten Liebe Gottes finden, nach der er sich aus tiefstem Herzen sehnt.

Das Rosenkranzgebet enthält 15 besondere Inhalte (auch »Gesätze« oder »Geheimnisse« genannt), die zu je fünf auf drei thematische Rosenkränze verteilt sind.

DER FREUDENREICHE ROSENKRANZ

enthält die ersten fünf Geheimnisse. In ihnen kommt zum Ausdruck, was Maria zur Erlösung beigetragen hat. Dadurch wird Maria zum Vorbild für alles, was wir Menschen zu unserer Erlösung und Heilung beizutragen haben.

1. ... Jesus, den du, o Jungfrau, vom Heiligen Geist empfangen hast
Das Jesuskind und alle Menschenkinder haben in Gott ihren Ursprung:
Sie sind uns als Geschenke anvertraut
– nicht zum Besitzen,
sondern als »Leihgabe« des Heiligen Geistes,
durch die wir die Liebe Gottes
ganz menschlich erfahren.
Gott selbst schenkt sich uns
im göttlichen Kind,
in jedem liebenden Menschen.
Das Geliebtsein macht uns fähig zum Lieben,
sodass die Liebe in uns
und durch uns weiterwirkt.
Liebe »kostet« etwas:

Ohne Verantwortung, Pflicht und Verzicht
kann die Liebe nicht lieben
und das Glück nicht glücken.
Liebe verlangt einen selbstständigen Glauben:
Maria wusste,
dass das »Mir geschehe«
Ausschluss und Verurteilung bedeuten kann.
Die Liebe macht mich fähig,
in Verantwortung
den Buchstaben des Gesetzes zu übertreten
im gewissenhaften Einssein mit Gott.
Liebe ist immer Risiko:
Bei allem, was ich tun muss,
kann ich das Entscheidende
doch nicht selbst machen.
Das Vertrauen gibt mir die Kraft,
Tun und Lassen zu vereinen.

**2. ... Jesus, den du, o Jungfrau,
zu Elisabet getragen hast**
Jeder Mensch braucht ein Echo,
das Feed-back, die Selbst-Bestätigung.
Die Antwort auf die Frage «Wer bin ich?»
kann ich nur finden in den Re-aktionen
auf mein Denken, Fühlen und Handeln –
als Reaktion auf mein Dasein und Sosein.

Selbst gemachte Selbstbestätigungen
sind immer Selbstbetrug.
Meine Selbsterkenntnis
ist untrennbar verbunden
mit meiner Selbstannahme.
Ich kann mich nur so weit selbst erkennen,
so wie ich bin,
als ich bereit bin mich anzunehmen
so, wie ich bin.
Wer seinen Selbstwert
am Buchstaben des Gesetzes ermittelt,
kann vielleicht zu einem befriedigenden
Ergebnis gelangen.
Wer sich hingegen an den Forderungen
der Liebe orientiert,
wird über das »Herr, erbarme dich meiner«
nicht hinauskommen.
Auch wenn Maria »vom Heiligen Geist«
empfangen hat,
bleibt sie in der Konsequenz ihres Ja-Wortes
auf das Erbarmen Gottes angewiesen.
Die Erkenntnis der »Niedrigkeit«
führt den stolzen, selbstherrlichen Menschen
zunächst in die Depression oder Aggression,
in die Enttäuschung von sich selbst.

Letztlich wird mir jedoch
durch meine Niedrigkeit
die Hoheit und Würde bewusst,
die mir Gott schenkt.
Meine Niedrigkeit befähigt mich,
die Größe der ewigen Liebe zu erkennen,
und die Erkenntnis der Liebe befähigt mich
meine Niedrigkeit zuzulassen.
Die wahre Größe des Menschen,
seine Hoheit und Würde,
entspringen seiner angenommenen
Niedrigkeit.

3. ... Jesus, den du, o Jungfrau, geboren hast
Der Mensch Maria
bringt Gott zur Welt.
Gott kommt zur Welt,
als Mensch
durch den Menschen.
Auch ich kann eine Stelle werden,
an der Gott zur Welt kommt.
Zuerst muss Gott zu mir kommen,
in mir und von mir
empfangen und geboren werden,
damit er durch mich,
in der Welt, als Mensch

für alle Menschen und Geschöpfe
geboren werden kann.
Der Gott aller Menschen und Geschöpfe
ist »mein« Gott geworden
und »mein« Gott
offenbart sich durch mich
– wenn ich an ihn glaube –
als der Gott aller Menschen und Geschöpfe.
Wenn ich diesen Gott
durch den Glauben an die absolute Liebe
in mir habe,
kann auch ich nicht mehr
die Menschen einteilen
in gute und böse,
weil alle ewig Geliebte sind.
Maria, der ganz für Gott
offene Mensch,
ist auch nach der Geburt Jesu
bis zuletzt »Jungfrau«,
das heißt offen für Gott geblieben.
Ihr Gott-Gebären
ist zeitlose Wirklichkeit geworden.
So ist sie auch für uns
die Vermittlerin
zwischen Gott und Mensch
und Mensch und Gott.

4. ... Jesus, den du, o Jungfrau, im Tempel aufgeopfert hast

Tempel ist die Wohnung Gottes,
der offizielle Ort seiner Gegenwart.
Jesus ist der lebendige Ort
der Gegenwart Gottes;
in ihm ist Gott als Person anwesend.
Maria trägt Jesus, den lebendigen Tempel
in den steinernen Tempel
und bekundet damit,
dass nun Jesus für alle Zeit
der Ort der Anwesenheit Gottes ist.
Der lebendige Tempel
verschmilzt mit dem steinernen Tempel.
Jesus Christus ist der »lebendige Stein«,
den Gott als Eckstein erwählt hat
für den Bau seiner Kirche.
Paulus erinnert uns,
dass letztlich wir alle »Tempel« sind,
dass wir berufen sind,
das Dasein Gottes
in unserem Dasein
durch die Liebe sichtbar werden zu lassen.
Bei aller Nähe Gottes
können wir Gott nicht bestimmen;
wir müssen Gott annehmen, wie er ist.

Maria »opfert« ihr Kind Gott.
Wenn ich etwas hergebe,
muss ich es ganz hergeben;
ich muss es dem anderen an-vertrauen
und es ihm hin-geben.
Indem ich es dem anderen anvertraue,
gebe ich mich selbst ihm hin.
Die Gabe ist das Zeichen meiner Hingabe:
»Weg von mir – hin zu dir –
ganz in dir – neu aus dir.« *(K. Dürkheim)*
Das sind die Schritte des Fortschritts:
Von mir weg –
zu Gott hin,
um von Gott her
immer wieder
neu zu leben.
Immer wieder muss ich mich
Gott anvertrauen,
damit ich aus seiner Kraft leben kann.
Immer wieder kommt eine neue
»Glaubensprüfung«,
eine »Gottesfinsternis«.
Der gott- und leiderfahrene Mensch
sieht darin den schmerzlichen Beginn
einer neuen Gottesbegegnung,
selbst wenn sie den irdischen Tod bedeutet.

Gott und Mensch
sind immer »im Kommen«.
Gott ist zu jeder Zeit offen für mich,
aber ich bin es nicht für ihn,
darum muss ich seine Ankunft
immer wieder vorbereiten.
Wenn ich schließlich sein Dasein
wieder spüren darf,
sind meine Probleme alle aufgehoben.

**5. ... Jesus, den du, o Jungfrau,
im Tempel gefunden hast**
Unsere Verzichtbereitschaft
(Opferbereitschaft)
wird immer wieder herausgefordert
und auf den Prüfstand gebracht
durch die Enttäuschungen.
Wir können Gott nicht begreifen,
aber wir können ihn
immer besser kennen lernen
in den Begegnungen unseres Lebens,
besonders wenn wir unsere Enttäuschungen
in der Kraft des Glaubens durchstehen.
»Wie konntest du uns das antun?
Wir haben dich voll Angst gesucht?«
(vgl. Lukas 2,48)

Gott ist immer anders,
als wir ihn uns vorstellen.
Und doch müssen wir ihn dort suchen,
wo wir ihn vermuten,
damit wir ihn zunächst nicht finden.
Wenn wir weitersuchen (weiterbeten)
und Gott nicht finden,
kommen wir ihm trotzdem immer näher.
Jede »Ent-täuschung«
bringt neue Einsichten und Wahrheiten.
Schließlich gelange ich zu der Einsicht,
dass ich alles, was ich suche
bei Gott finden kann.
Gott ist mein »Fundbüro«.
Alles, was ich verloren habe,
und alles, was ich noch nicht gefunden habe
ist bei ihm gut aufgehoben.
Ja, Gott selbst können wir nur
bei Gott selbst finden,
wenn wir entdeckt haben,
dass Gott die absolute Liebe ist.
»Wusstet ihr nicht,
dass ich im Hause meines Vaters,
(das heißt in Gott) sein muss?«
(vgl. Lukas 2,49)
Wer Gott gefunden hat

und bei ihm »zu Hause« ist,
wird nicht mehr enttäuscht.
Er kann mit unlösbaren
Fragen und Problemen leben.
Er hat die Gewissheit gefunden:
Letztlich wird immer alles gut.

DER SCHMERZHAFTE ROSENKRANZ

enthält die zweiten fünf Geheimnisse. In
ihnen kommt zum Ausdruck, was Jesus auf
sich genommen hat, um uns vom absoluten
Geliebtsein Gottes zu überzeugen. In der
Ohnmacht des Allmächtigen erscheint das
»Mir geschehe« wieder als das entscheidende
Prinzip der Erlösung. Jesus hat Leiden und
Tod »für uns« auf sich genommen. War dies
»notwendig«?

»Für uns« ist Jesus Mensch geworden,
für uns ist Jesus gestorben,
für uns hat Jesus gelitten,
für uns hat sich Jesus »geopfert«
– für uns …

Der himmlische Vater
braucht keine blutigen Sühnopfer,
um sich mit uns zu versöhnen;
er ist ja die »Versöhnung in Person«.
Aber wir Menschen brauchen Sühne
und Wiedergutmachung,
damit wir einander vergeben
und uns miteinander
immer wieder versöhnen.
Die Liebe, die wir zum Vergeben brauchen,
fehlt uns oft;
wir vergelten,
wo wir vergeben müssten.
Jesus liebt uns
und für uns stellvertretend,
weil wir die Liebe oft noch nicht
oder nicht mehr haben.
Jesus »musste« leiden und sterben,
weil er uns diese Liebe zeigen
und bezeugen will,
die stärker ist als der Tod
und aller Hass der Menschen.
Jesus »musste« leiden,
weil er uns leiden konnte.
Gott erwartet,
dass uns seine Liebe irgendwann –

wenn auch vielleicht erst in der
Todesbegegnung –
so begeistert,
dass auch wir beginnen
so wie er zu lieben.

1. ... Jesus, der für uns Blut geschwitzt hat

Ölberg: Angst, Todesangst,
Angst vor dem Hass der Menschen,
Angst vor dem »Durch-Müssen«,
vor der frei gewählten Ausweglosigkeit.
Wer Menschen liebt,
muss sie ganz lieben,
mit ihrer ganzen Bosheit.
Die Freunde schlafen.
Letztlich ist jeder
ganz allein mit Gott.
Tröstung, Kraft und Sicherheit
kann nur Gott
durch den Glauben schenken.
»Dein Wille soll geschehen.« *(Lukas 22,42)*
Wollte Gott, dass sein Sohn leidet
und sich als grausam-blutiges Sühnopfer
darbringt
zur Versöhnung der Menschheit
mit dem Vater?

Was wollte Gott?
Ist es Gottes Wille,
dass Menschen unschuldig leiden?
Gott wollte seine absolute Liebe offenbaren,
die Liebe, die stärker ist
als der Hass und der Tod.
Diese stärkere Stärke kann und muss sich
im Tod und *im* Hass erweisen,
nicht in der Umgehung von Tod und Hass.
Jesus *musste* das alles erleiden,
um so in seine Herrlichkeit einzugehen.
Diese »Herr-lichkeit« Gottes
ist die Durchsetzung dieser Liebe.
Weil Gott die Menschen, so wie sie sind,
»leiden kann«,
musste er an ihnen und durch sie leiden,
das heißt sie in ihrer Bosheit ertragen.
Gott braucht Menschen,
die sich dafür opfern,
die sich dafür hergeben,
diese Liebe zu verwirklichen
und zu bezeugen,
wenn es sein muss
auch durch die Hingabe des irdischen Lebens
(durch das freiwillige »Vergießen«
des eigenen Blutes).

2. ... Jesus, der für uns gegeißelt worden ist

Zu den inneren Schlägen
werden die äußeren hinzugefügt.
Folterwerkzeuge vergrößern den Schmerz.
Für die Folterknechte
ist das Quälen »Beruf«.
Auch diese Menschen liebt Gott!
Jesus lässt sich quälen;
der Allmächtige
verzichtet auf seine Allmacht,
um seine Peiniger
von seiner Liebe zu überzeugen.
Die Haut,
das Instrument der Nähe,
das »Werkzeug der Liebe«,
wird aufgerissen;
so wird sie
zum blutenden Zeugnis
der Feindesliebe
– der »entfeindenden« Liebe Gottes.
Oft muss die Liebe
auch hart sein können,
aber ihre heilende Kraft
liegt dennoch im Dulden.
Wir alle sind Folterknechte,
wir tarnen unsere Schläge.

Oft sagen wir:
»Ich meine es doch nur gut«
oder: »Ich bin wenigstens ehrlich«;
und dabei treffen wir den anderen
so ins Herz,
dass er sich nicht wehren kann.
Was wir tun ist ja »recht« und »richtig«;
»berechtigt« und »liebevoll«
quälen wir den anderen
mit »frommen Sprüchen«
– die »guten Worte«
fehlen uns sehr oft.

**3. ... Jesus, der für uns mit Dornen
gekrönt worden ist**
Die Krone zeigt
das »Über-sich-Hinauswachsen«
nach oben an.
Die Krone ist das »Über-Haupt«
eines Menschen.
Der Gekrönte ist der König;
er ist der Vermittler zwischen oben
und unten:
Er bringt die Kräfte von oben
zur Auswirkung und zur Einwirkung
in unser irdisches Dasein.

Der König muss herrschen,
er muss sich durchsetzen.
Der König muss dienen;
die Bedürfnisse der Menschen
sind für ihn maßgebend.
Dienen und Herrschen werden eins
im »Leiten«.
Der Leiter bringt die vorhandenen
Kräfte, Begabungen und Charismen
so zum Einsatz,
dass sie dem Einzelnen,
wie auch der Gemeinschaft
bestmöglich zugute kommen.
Jesus ist der ideale König:
Herrschen und Dienen
sind bei ihm vollkommen eins.
Jesus »siegt, regiert und herrscht«.
Seine Herrschaft ist der Sieg der Liebe.
Seine Herrschaft ist doppelt gekrönt:
Die Dornenkrone
zeigt den Sieg der Gewaltlosigkeit,
die Goldkrone
den Sieg der Liebe.

4. ... Jesus, der für uns das schwere Kreuz getragen hat

Das Kreuz ist das Symbol
für die Einheit der Gegensätze:
Oben und unten,
links und rechts
sind in der Mitte, im Kreuzungspunkt,
eins.
Der mit der Liebe «gekreuzte» Hass
wird verwandelt.
Die Liebe erweist sich als die stärkere Kraft,
die Kraft des Hasses
wird der Liebe dienstbar gemacht.
Jesus hat dieses Kreuz
auf sich genommen;
er ist selbst »diese Kreuzung« geworden.
»Einer trage des anderen Last!«
(Brief an die Galater 6,2)
Das ist die Erfüllung des Gesetzes Christi.
Die Last des anderen
bin ... ich!
Ich muss *mich* ertragen lernen,
wenn ich die Last des anderen
ertragen will:
»Jeder nehme *sein* Kreuz auf sich
und folge mir nach.« *(Matthäus 16,24)*

Sich selbst ertragen
ist das schwerste Kreuz;
immer wieder falle ich
und kann mich nicht mehr halten.
Jesus verlangt noch mehr:
die Feindesliebe.
Wer Frieden will,
muss Feinde lieben können.
Beim besten Willen
ist das eine Überforderung,
der ich aus eigener Kraft nicht entsprechen
kann.
Wenn Christus in mir lebt,
wenn ich von ihm begeistert bin,
dann kann ich von ihm die Kraft erhoffen,
unerträgliche Menschen zu ertragen.
Es kann sein,
dass sich nun alles wendet,
wenn ich das Leid leiden kann
und nicht mehr verdrängen muss.
Was ich trage,
das trägt mich.
Im Tragen-Können
erlebe ich das Getragen-Sein.
Das Getragen-Sein macht schließlich
auch das Unerträgliche erträglich.

5. … Jesus, der für uns gekreuzigt worden ist

Im durchbohrten Herzen Jesu
wird das innerste Wesen Gottes offenbar:
Das für alle vergossene Blut
bedeutet die aus Liebe vollzogene
Hingabe des irdischen Lebens.
Wasser ist das Symbol
für das kosmische Leben.
Jesus ist gekommen,
damit die Menschen
das Leben in Fülle haben:
die vollkommene unzerstörbare Liebe.
Drei Worte des sterbenden Jesus
deuten näherhin,
was Jesus den Menschen gebracht hat:

*»Vater vergib ihnen, denn sie wissen nicht,
was sie tun!« (Lukas 23,34)* – **die Feindesliebe**
Ohne Feindesliebe
ist kein echter Friede denkbar.
Im Glauben an den nicht strafenden Gott,
der allen alles immer vergibt,
wurzelt unsere Feindesliebe.
Der Himmel, das Paradies,
ist erst möglich,

wenn alle allen alles
»von Herzen« verzeihen.
Die »Strafe Gottes« besteht darin,
dass alle Menschen
»barmherzig werden müssen«;
Gott ist »unerbittlich barmherzig«!

*»Mein Gott, mein Gott, warum hast du
mich verlassen?« (Markus 15,34)* –
**die Überwindung der subjektiven
Gottverlassenheit**
Jesus hat die trostlose Phase
der subjektiven Gottverlassenheit
im Leid durchgemacht,
darum gibt es keinen Zustand
trostlosen Leides mehr,
an dem Gott nicht aufzuspüren wäre.
Das Harren auf Gott ist sinnvoll geworden:
Gott ist immer bei mir,
auch wenn ich ihn nicht spüren
oder wahrnehmen kann.

*»In deine Hände lege ich meinen Geist.«
(Lukas 23,46)* – **Fortschritt zu Gott**
Er, der von sich sagt:
»Ich bin die Auferstehung

und das Leben« *(Johannes 11,25)*,
stirbt am Kreuz
und geht im Sterben zum Vater.
Bereits jetzt geschieht,
was in Auferstehung und Himmelfahrt
offenbar werden wird.
Leib und Körper ist jetzt
nicht mehr ein und dasselbe.
Der Tod trennt Leib und Körper.
Er entbindet den Leib,
und damit die geistige Person
(in ihrer Leib-Seele-Geist-Einheit)
von ihrer irdisch-vergänglichen Gestalt.
Der Tod trennt den Inhalt
von der bisherigen »Verpackung«!
Jesus stirbt am Kreuz.
In das Grab gelegt wird nicht er,
sondern nur sein Leichnam.

DER GLORREICHE ROSENKRANZ

enthält die dritten fünf Geheimnisse. In
ihnen kommt zum Ausdruck, was Gott in
seiner erlösenden Liebe am Menschen wirkt.

Durch Jesus und Maria wird uns der Sinn
unseres Daseins bewusst: »In ihm hat er uns
erwählt vor Erschaffung der Welt und uns
aus Liebe im voraus dazu bestimmt, seine
Töchter und Söhne zu werden durch Jesus
Christus« *(vgl. Brief an die Epheser 1,4f).*

1. ... Jesus, der von den Toten auferstanden ist

Der von irdischen Lebensgesetzen entgrenzte
und von der materiellen, körperlichen
Daseinsweise befreite Jesus
kann nun in ganz verschiedener Weise
und bei ganz verschiedenen Gelegenheiten
in Erscheinung treten
und den noch irdisch Lebenden begegnen.
Visionen von Engeln,
die Begegnung mit dem Gärtner,
die Begegnung mit einem
jesuserfahrenen Menschen,
Gemeinschaftserlebnisse der Glaubenden,
das Brotbrechen,
das schon beim Abendmahl
ein »vorgezogenes Ostern« war –
all das können Stellen der Begegnung
mit dem Auferstandenen werden.

Dabei ist das äußere Geschehen nur Anlass,
»Gelegenheit,« und die »Realität«
für das innere Ereignis der Begegnung.
In der Begegnung mit der Natur,
mit allen Geschöpfen,
in den Höhepunkten der Freude
und des Glücks
kann die Auferstehungsbotschaft
zum Auferstehungsglauben werden.
Auch Bilder, Träume, Fantasiegeschichten
können Medien sein,
in denen sich der Auferstandene mitteilt.
Die wichtigste Art der Begegnung
mit dem Auferstandenen
ist die Begegnung mit Menschen,
die aus Glaubenserfahrung sprechen,
die glaubwürdig an die Auferstehung glauben
und von diesem Glauben geprägt sind.
Der Auferstandene lebt in ihrem Zeugnis:
Der Herr ist wahrhaft auferstanden,
des sind *wir* Zeugen.

2. ... Jesus, der in den Himmel aufgefahren ist

Die Auferstehung Jesu
lenkt unseren Blick nach oben.

Mit und ohne Leichnam
ist das Grab leer;
denn *er* ist nicht mehr darin.
Er ist nicht mehr da
in der gewohnten und vertrauten
körperlichen Gestalt.
Bevor wir dem Auferstandenen begegnen,
müssen wir seinen Tod beklagen
und durch unsere Trauer annehmen.
Wenn wir ihn,
und mit ihm alle unsere geliebten Toten
irdisch suchen und nicht finden,
wird die Enttäuschung
zum Wendepunkt:

Unser Blick wendet sich
nach oben und nach innen,
wo wir ihn finden
»sitzend zur Rechten des Vaters.«
Er und mit ihm alle Toten
haben Platz gefunden bei Gott
in der Vollendung
durch seine grenzenlose Liebe.
Von oben her
gewinne ich eine ganz neue Sicht
und einen neuen Durchblick

im Bereich der irdischen Probleme
und ihrer Zusammenhänge.
Von oben her
wird das Unsichtbare einsichtig.
Von oben her betrachtet
wird das »leere Grab«
zum Ort der Begegnung
mit dem Auferstandenen
und mit unseren Toten,
mit denen wir durch den Tod hindurch
verbunden sind.
Von oben her
kann die ganze Schöpfung
Zeichen des ewigen Lebens
und der ewigen Liebe werden.
Von oben her
lösen sich viele Probleme
ganz von selbst.
Von oben her
erkenne ich den Sinn meines Daseins
und meine Lebensaufgabe.
Ich lebe ganz hier auf Erden,
aber ich lebe nicht von hier.
Ich lebe hier ganz von oben her,
weil Christus auch in mir
auferstanden ist.

3. ... Jesus, der uns den Heiligen Geist gesandt hat

Pfingsten ist die Vollendung
der Gottesgeburt und der Auferstehung
im Menschen.
Wir sind aufgenommen in seine Herrlichkeit
und seine Herrlichkeit erfüllt unser Leben.
Gott ist in uns und wir sind in Gott.
Wie der Fisch vom Wasser umgeben
und erfüllt ist,
sind wir von Gott umgeben und erfüllt.
»Nicht mehr ich lebe, sondern Christus
lebt in mir.« *(Brief an die Galater 2,20)*
Der Geist des Herrn
erfüllt das Weltall;
der Geist des Herrn
ist die absolute Liebe,
die alles verbindet und vereint.
Der Geist des Herrn
erfüllt die Sehnsucht des Menschen.
Der Geist des Herrn
ist die Weisheit Gottes (Sophia),
das Frauliche in Gott.
Die Weisheit, die alles versteht,
auch das, was ich nicht verstehe,
auch mich selbst.

Gott erfüllt uns
durch seinen Geist;
er erfüllt uns *mit* seinem Geist.
Die Erfüllung oder »Eingießung«
mit dem Heiligen Geist
geschieht in der »Begeisterung«.
Die Begeisterungsfähigkeit
ist eine natürliche Begabung des Menschen.
Auch der Ungeist, das Böse
wirkt begeisternd.
Den Heiligen Geist erkennen wir
an seinen Früchten:
»Liebe, Freude, Friede, Langmut,
Freundlichkeit, Güte, Treue,
Sanftmut und Selbstbeherrschung«
(Brief an die Galater 5,22).
Das Wirken des Heiligen Geistes
kommt in Symbolen zum Ausdruck:
im Sturm – starke, unsichtbare Kraft;
im Feuer – verwandelnde Energie,
Licht, Wärme;
in der Zunge – sprachliches Verstehen,
Kommunikation.
Die entscheidende Wirkung des Heiligen
Geistes für den Menschen
ist die unbedingte Vergebung,

auch »Gnade« und »Barmherzigkeit« genannt.
Voraussetzung für das Wirken
der göttlichen Vergebung
ist allerdings die Bereitschaft des Menschen,
die Vergebung seinerseits weiterzugeben.
»Wenn ihr nicht vergebt,
kann euch auch nicht vergeben werden«
(vgl. Matthäus 6,15).
Die Sünde, die sich direkt
gegen den Heiligen Geist richtet,
ist die Unbarmherzigkeit.
Diese (strukturelle) Sünde
kann auch Gott nicht vergeben;
ich selbst muss sie
mit Gottes Hilfe beseitigen.
Der begeisterte Mensch wirkt begeisternd.
Durch diese »ansteckende« Kraft
des Heiligen Geistes
entsteht Gemeinschaft:
von der Zweierbeziehung bis hin
zum vollendeten Reich Gottes.

**4. ... Jesus, der dich, o Jungfrau,
in den Himmel aufgenommen hat**
Wer Gott aufnimmt,
wird von Gott aufgenommen.

Gott nimmt mich so an, wie ich bin,
aber ich muss Gott auch annehmen
– so wie er ist.
Ich muss Gott Gott sein lassen,
das heißt, ich muss von vornherein
damit rechnen,
dass ich Gott sehr oft nicht verstehe.
Maria ist ein Mensch,
der sich dem unbegreiflichen Gott
ganz hingegeben und ergeben hat.
An Maria sehen wir,
was Gott mit einem solchen Menschen tut:
Er lässt ihn voll teilhaben am Jesusgeschehen
in Auferstehung und Himmelfahrt.
Wir dürfen hoffen,
dass sich irgendwann alle Menschen
Gott öffnen,
wenn auch viele Menschen erst im Tod
Gott bewusst begegnen
und sich für ihn entscheiden.
So ist Maria das Hoffnungszeichen
für alle Menschen,
die nach dem Sinn des Lebens fragen.
Alle unsere Enttäuschungen
offenbaren unsere Sehnsucht
nach dem Himmel.

Wahrscheinlich war die Himmelstür
auf Seiten Gottes gar nicht verschlossen:
Die Menschen haben ihrerseits
durch ihre Sünde
den Himmel verschlossen
und das Paradies zur Hölle gemacht.
Dabei wurde die Himmelspforte für sie
zum Höllentor.
Die Offenbarung der absoluten Liebe
durch Jesus
ist für die Menschen ein Anstoß,
aufzumachen und sich zu ändern
(sich zu bekehren)
und in der geistigen wie materiellen
Höllenlandschaft
das Reich Gottes anzubahnen,
auch wenn dies dem Einzelnen
nur unvollkommen und anfangshaft
für einen kleinen Lebensbereich gelingt.
Schließlich ist Jesus selbst »die Tür«.
Wenn ich in ihm bin
und er in mir ist,
bin ich schon auf Erden
»aufgenommen in den Himmel«
und mein Grab wird leer bleiben,
wenn ich sterbe.

**5. ... Jesus, der dich, o Jungfrau,
im Himmel gekrönt hat**

Gekrönte Häupter sind Repräsentanten:
Sie vertreten eine Menschengruppe, ein Volk.
Sie haben eine doppelte Vertretung:
die Gruppe der Obrigkeit gegenüber
und die Obrigkeit der Gruppe gegenüber.
Sie haben »Autorität«,
das heißt »Ursprungskraft«,
ausgestattet mit Macht, Herrschaft,
Hoheit und Würde.
Gekrönte Häupter sind Garanten:
Sie sind haftpflichtig, verantwortlich
für das Wohl der Gruppe.
Sie vermitteln innerhalb
und außerhalb der Gruppe.
Ihre Herrschaft besteht im Dienen:
Gott, den Menschen
und der ganzen Schöpfung.
Maria, die »Frau Königin«
ist gewiss nicht die Vertreterin
einer Frauengruppe,
sondern Repräsentantin
der ganzen Menschheit,
die als Braut dem in sie verliebten Bräutigam
– Gott –

gegenübersteht und von ihm
das Leben erwartet und empfängt.
Sie stellt die Menschheit dar,
mit der sich Gott in ewiger Liebe
vermählt hat
in einem unauflöslichen Bund.
Die Menschheit als ganze
und jeder einzelne Mensch
ist ganz persönlich und einmalig
Braut Gottes.
Maria hat sich die Krone
nicht selbst aufgesetzt!
Kein Mensch kann sich selbst krönen.
Gott selbst ist die Krone des Menschen.
Gott selbst wird mich krönen
und meinen Dienst vollenden.
Er wird sich als Ursprung
und Vollender meiner Identität erweisen.
Repräsentiert und garantiert
ist dieses Geschehen
durch Maria,
der Rosenkranzkönigin.